The Rainbow Unicorn And Other Bilingual Italian-English Stories for Children

Pomme Bilingual

Published by Pomme Bilingual, 2024.

While every precaution has been taken in the preparation of this book, the publisher assumes no responsibility for errors or omissions, or for damages resulting from the use of the information contained herein.

THE RAINBOW UNICORN AND OTHER BILINGUAL ITALIAN-ENGLISH STORIES FOR CHILDREN

First edition. November 13, 2024.

ISBN: 979-8230926092

Written by Pomme Bilingual.

Table of Contents

Il Mistero dei Biscotti Scomparsi

C'era una volta un gruppo di amici: Emma, Leo, Sara e Tommaso. Ogni venerdì pomeriggio, dopo la scuola, si riunivano a casa di Emma per fare i compiti insieme. La mamma di Emma era famosa nel quartiere per i suoi biscotti al cioccolato, e ogni settimana ne preparava una grande scatola per i ragazzi.

Un venerdì, però, successe qualcosa di strano. Quando i bambini aprirono la scatola dei biscotti, trovarono solo delle briciole!

"Ma dove sono finiti tutti i biscotti?" chiese Leo, grattandosi la testa perplesso.

"Forse qualcuno li ha mangiati di nascosto," suggerì Sara, guardandosi intorno sospettosa.

"Ma chi potrebbe essere stato?" domandò Tommaso, aggrottando le sopracciglia. "Siamo gli unici qui!"

I bambini decisero che dovevano scoprire la verità. "E se preparassimo una trappola per il ladro di biscotti?" propose Emma, con un luccichio malizioso negli occhi.

Quella sera, i bambini nascosero una nuova scatola di biscotti nell'armadietto della cucina. L'idea era di sorprendere il misterioso ladro mentre faceva il suo spuntino notturno. Sara legò un campanello al coperchio della scatola per fare rumore quando qualcuno l'apriva. Poi, tutti si nascosero dietro la porta della cucina e aspettarono in silenzio.

Passarono alcuni minuti, poi mezz'ora... finalmente, i bambini sentirono un piccolo "Ding!" provenire dall'armadietto. Qualcosa o qualcuno stava aprendo la scatola!

I bambini saltarono fuori dal loro nascondiglio e spalancarono l'armadietto. Con grande sorpresa, non trovarono un ladro normale... bensì una piccola creatura pelosa con grandi occhi tondi e un musetto timido, intento a mangiare un biscotto! La creatura li guardò, con le briciole ancora attaccate ai baffi, e sembrava spaventata.

"Chi... chi sei?" chiese Emma, più curiosa che spaventata.

"Mi chiamo Briciolo," rispose la creatura con una voce tremante. "Mi dispiace per i biscotti, ma... ero così affamato e solo."

I bambini si guardarono e subito capirono che non potevano arrabbiarsi con Briciolo. Il piccolo ladro era così tenero e sembrava davvero dispiaciuto.

"Non preoccuparti, Briciolo," disse Leo con un sorriso. "La prossima volta, chiedi e ti daremo tutti i biscotti che vuoi!"

Briciolo sorrise timidamente. "Davvero? Nessuno mi ha mai offerto dei biscotti prima... sono sempre stato nascosto qui, senza nessuno con cui parlare."

A quel punto, i bambini decisero di adottare Briciolo come nuovo amico e di condividere con lui i loro biscotti ogni venerdì. Da quel giorno, ogni volta che si riunivano a fare i compiti, c'era un posto speciale per Briciolo, che aiutava i bambini a studiare... o meglio, li distraeva raccontando storie divertenti e mangiando biscotti insieme a loro.

E così, il mistero dei biscotti scomparsi fu risolto. Ma quello che i bambini non avevano previsto era di guadagnare un nuovo, dolce amico con cui condividere non solo i biscotti, ma anche tante risate.

The Mystery of the Missing Cookies

Once upon a time, there was a group of friends: Emma, Leo, Sara, and Tommaso. Every Friday afternoon after school, they would gather at Emma's house to do their homework together. Emma's mom was famous in the neighborhood for her chocolate cookies, and every week, she baked a big box of them for the kids.

One Friday, however, something strange happened. When the children opened the cookie box, they found only crumbs!

"But where did all the cookies go?" asked Leo, scratching his head in confusion.

"Maybe someone ate them secretly," suggested Sara, looking around suspiciously.

"But who could it have been?" asked Tommaso, frowning. "We're the only ones here!"

The kids decided they had to find out the truth. "What if we set a trap for the cookie thief?" proposed Emma, her eyes glinting mischievously.

That evening, the kids hid a fresh box of cookies in the kitchen cupboard. The idea was to catch the mysterious thief while they were having their midnight snack. Sara tied a bell to the lid of the box so it would make noise when someone opened it. Then, they all hid behind the kitchen door and waited in silence.

A few minutes passed, then half an hour... finally, the kids heard a faint "Ding!" coming from the cupboard. Something or someone was opening the box!

The kids jumped out of their hiding spot and flung open the cupboard. To their surprise, they didn't find an ordinary thief... but rather a small, furry creature with big, round eyes and a shy little face, munching on a cookie! The creature looked up at them, with crumbs still on its whiskers, and seemed scared.

"Who... who are you?" asked Emma, more curious than frightened.

"My name is Crumb," replied the creature with a trembling voice. "I'm sorry about the cookies, but... I was so hungry and lonely."

The kids exchanged glances and immediately understood that they couldn't be mad at Crumb. The little thief was so cute and looked genuinely sorry.

"Don't worry, Crumb," said Leo with a smile. "Next time, just ask, and we'll give you all the cookies you want!"

Crumb smiled shyly. "Really? No one's ever offered me cookies before... I've always been hiding here, with no one to talk to."

At that moment, the kids decided to adopt Crumb as their new friend and to share their cookies with him every Friday. From that day on, whenever they gathered to do their homework, there was a special place for Crumb, who would help them study... or rather, distract them with funny stories while they all munched on cookies together.

And so, the mystery of the missing cookies was solved. But what the kids hadn't expected was to gain a new, sweet friend with whom they could share not only cookies but also lots of laughs.

Il Mostro della Montagna Silenziosa

Nel piccolo villaggio di Vallequieta, tutti avevano paura della Montagna Silenziosa. Si diceva che una creatura spaventosa vivesse sulla cima, e nessuno osava avvicinarsi a quella montagna. Le storie che si raccontavano erano terribili: c'era chi diceva che il mostro ruggiva forte come un tuono, chi sosteneva che fosse enorme e che potesse scuotere la terra con un solo passo.

"Non avvicinarti alla montagna, o il mostro ti prenderà!" avvertivano i genitori ai loro bambini.

Ma tra tutti i bambini del villaggio, c'era uno che non aveva paura. Si chiamava Luca. Luca non credeva alle storie spaventose, e ogni volta che gli altri parlavano del mostro, lui scuoteva la testa e sorrideva. "Forse il mostro è solo un malinteso," pensava.

Un giorno, dopo aver sentito un'altra storia spaventosa, Luca decise che era arrivato il momento di scoprire la verità. "Vado a vedere da solo," disse con determinazione. Non voleva che la paura continuasse a governare il villaggio. Così, con il suo zaino e una bottiglia d'acqua, si incamminò verso la Montagna Silenziosa.

Lungo il cammino, la montagna sembrava sempre più alta e misteriosa. Le nuvole si raccolsero sopra la cima e il vento fischiava tra gli alberi, ma Luca non si fermò. "Se c'è un mostro, voglio vedere com'è," pensò.

Dopo ore di cammino, Luca raggiunse la cima della montagna. Lì, nascosto tra le rocce e i fiori, vide una figura enorme e pelosa. Il cuore di Luca cominciò a battere forte, ma non si lasciò sopraffare dalla paura. Avvicinò lentamente la figura e scoprì che non era affatto un mostro.

Era un gigante gentile, con lunghi capelli che sembravano fiori e occhi dolci che brillavano come stelle. Il gigante si chinò verso Luca e sorrise timidamente. "Ciao," disse con una voce profonda, ma non spaventosa. "Mi chiamo Grom."

Luca, sorpreso ma curioso, rispose: "Ciao, io sono Luca. Tu sei il mostro della montagna?"

Grom sospirò e abbassò la testa. "Sì, lo dicono tutti. Ma non sono un mostro. Mi piacciono i fiori e stare in silenzio. Non mi piace spaventare la gente, ma la gente mi ha sempre temuto."

Luca si avvicinò ancora di più e notò che il gigante stava delicatamente accarezzando dei fiori colorati. "Perché non fai vedere agli altri che non sei un mostro?" chiese Luca.

Grom guardò Luca con gli occhi tristi. "Ho provato a parlare con loro, ma quando mi vedono, scappano via. Non capiscono che voglio solo essere amico."

Luca pensò per un momento. Poi disse: "Posso aiutarti. Se torni con me al villaggio, posso spiegare a tutti chi sei veramente."

Grom accettò, anche se sembrava un po' esitante. Luca e il gigante camminarono insieme verso il villaggio. Quando arrivarono, la gente cominciò a guardare con occhi pieni di paura, ma Luca, con voce forte e coraggiosa, disse: "Non è un mostro! È Grom, un gigante gentile che ama i fiori e non vuole fare male a nessuno. Ha solo bisogno di un po' di amicizia."

La gente, inizialmente scettica, vide che Grom non era affatto pericoloso. Con il tempo, tutti nel villaggio cominciarono a conoscere il gigante e a capirlo. Ogni giorno, Grom portava nuovi fiori al villaggio, e presto divenne il giardiniere del posto, amato da tutti.

Da quel giorno, la Montagna Silenziosa non fu più temuta. I bambini correvano a visitare Grom, e lui li accoglieva con un sorriso e un mazzo di fiori colorati. Luca, il coraggioso bambino che aveva capito la verità, diventò il miglior amico di Grom, e insieme insegnarono al villaggio che a volte le cose che temiamo di più sono quelle di cui abbiamo più bisogno.

E così, il mostro della Montagna Silenziosa divenne un gigante di gentilezza, e il villaggio visse in armonia, imparando che la paura nasce spesso da ciò che non conosciamo.

The Monster of Silent Mountain

In the small village of Quiet Valley, everyone was afraid of Silent Mountain. It was said that a terrifying creature lived at the top, and no one dared to go near the mountain. The stories told about it were terrifying: some said the monster roared as loud as thunder, others claimed it was enormous and could shake the ground with a single step.

"Don't go near the mountain, or the monster will catch you!" parents warned their children.

But among all the children in the village, there was one who wasn't afraid. His name was Luca. Luca didn't believe the scary stories, and whenever others spoke about the monster, he would shake his head and smile. "Maybe the monster is just misunderstood," he thought.

One day, after hearing yet another frightening story, Luca decided it was time to find out the truth. "I'm going to see for myself," he said with determination. He didn't want fear to continue ruling the village. So, with his backpack and a bottle of water, he set off toward Silent Mountain.

As he walked, the mountain seemed taller and more mysterious. Clouds gathered above its peak, and the wind whistled through the trees, but Luca didn't stop. "If there's a monster, I want to see what it's like," he thought.

After hours of climbing, Luca reached the mountain's summit. There, hidden among the rocks and flowers, he saw a huge, furry figure. Luca's heart began to race, but he didn't let fear take over. He slowly approached the figure and discovered that it wasn't a monster at all.

It was a gentle giant, with long hair that looked like flowers and kind eyes that sparkled like stars. The giant leaned down toward Luca and gave a shy smile. "Hello," he said in a deep but not frightening voice. "My name is Grom."

Luca, surprised but curious, replied, "Hello, I'm Luca. Are you the mountain monster?"

Grom sighed and lowered his head. "Yes, that's what everyone says. But I'm not a monster. I like flowers and being quiet. I don't enjoy scaring people, but people have always feared me."

Luca stepped even closer and noticed that the giant was gently stroking some colorful flowers. "Why don't you show others that you're not a monster?" Luca asked.

Grom looked at Luca with sad eyes. "I've tried to talk to them, but when they see me, they run away. They don't understand that I just want to be friends."

Luca thought for a moment. Then he said, "I can help you. If you come back with me to the village, I can explain to everyone who you really are."

Grom agreed, although he seemed a bit hesitant. Luca and the giant walked together toward the village. When they arrived, people began watching with fearful eyes, but Luca, with a loud and courageous voice, said, "He's not a monster! This is Grom, a gentle giant who loves flowers and doesn't want to harm anyone. He just needs a little friendship."

The villagers, initially skeptical, saw that Grom wasn't dangerous at all. Over time, everyone in the village got to know the giant and began to understand him. Every day, Grom brought new flowers to the village, and soon he became the village's beloved gardener.

From that day on, Silent Mountain was no longer feared. Children ran to visit Grom, and he welcomed them with a smile and a bunch of colorful flowers. Luca, the brave boy who had understood the truth, became Grom's best friend, and together they taught the village that sometimes the things we fear the most are the ones we need the most.

And so, the monster of Silent Mountain became a giant of kindness, and the village lived in harmony, learning that fear often comes from what we don't know.

La Gara delle Scarpe Magiche

In un piccolo quartiere, c'erano due migliori amici, Matteo e Luca. Ogni giorno, dopo scuola, si sfidavano a gare di corsa, cercando di vedere chi riusciva a correre più velocemente. Ma nonostante ci mettessero sempre il massimo impegno, Luca riusciva sempre a battere Matteo.

Un giorno, mentre giocavano nel parco, Matteo vide qualcosa di strano: un paio di scarpe luccicanti, abbandonate in un angolo vicino al vecchio albero. Le scarpe sembravano normali, ma quando le sollevò, qualcosa di magico accadde. Le scarpe brillavano come stelle e un'energia misteriosa si diffuse nelle mani di Matteo. "Provale!" disse Luca, con gli occhi pieni di curiosità.

Matteo, incredulo, si infilò le scarpe e, in un battito di ciglia, si sentì più leggero, come se stesse volando. Senza dire una parola, si allontanò di corsa, più veloce di qualsiasi cosa Luca avesse mai visto. "Ehi, aspetta!" gridò Luca, correndo dietro di lui, ma Matteo sembrava correre alla velocità del vento.

Quando Matteo si fermò, sorridendo felice, Luca arrivò ansimante. "Che cosa sono queste scarpe?!" chiese, incredulo.

"Sono magiche!" rispose Matteo, saltando su e giù per l'eccitazione. "Posso correre più veloce di chiunque!"

La notizia delle scarpe magiche si diffuse presto tra i ragazzi del quartiere, e ben presto si parlò di una grande gara organizzata per il prossimo fine settimana. Il premio? Un enorme trofeo dorato! "Devo partecipare!" disse Matteo. "Queste scarpe mi faranno vincere sicuramente!"

Luca, che era sempre stato un po' più cauteloso, non era sicuro. "Non sarebbe più divertente gareggiare senza l'aiuto delle scarpe magiche? Dobbiamo essere onesti, Matteo."

Ma Matteo, preso dall'euforia di vincere, insistette: "Non preoccuparti, Luca. Queste scarpe sono un segreto! Nessuno lo saprà mai!"

Il giorno della gara arrivò e il quartiere era pieno di bambini pronti a correre. C'erano corridori veloci, atleti esperti e anche alcuni che partecipavano solo per divertimento. Ma Matteo, con le scarpe magiche ai piedi, sentiva che sarebbe stato imbattibile.

La gara iniziò, e Matteo partì come una freccia, correndo così veloce che gli altri bambini non riuscivano nemmeno a vederlo. Luca, invece, partiva lentamente, correndo con tutte le sue forze, ma senza l'aiuto di nessuna magia.

Matteo arrivò al traguardo in un batter d'occhio, mentre Luca e gli altri bambini erano ancora lontani. Tutti i bambini si fermarono e applaudirono, ma Matteo si sentiva vuoto dentro. Aveva vinto, sì, ma non si sentiva felice.

Quando i bambini si avvicinarono per congratularsi con lui, Luca lo guardò e disse con un sorriso: "Hai vinto, Matteo, ma... è stata una vera vittoria per te?"

Matteo guardò il trofeo dorato che teneva in mano e sentì che qualcosa non andava. "Non lo so, Luca," disse, abbassando la testa. "Mi sento come se avessi imbrogliato. Non è stato divertente come pensavo."

Luca gli sorrise. "La cosa più importante in una gara è divertirsi, e essere onesti con te stesso. Vedere gli altri correre al massimo delle loro forze è più bello che vincere da soli con un trucco."

Matteo guardò le scarpe magiche e, con un sospiro, le tolse. "Hai ragione, Luca. La prossima volta gareggerò con le mie forze, senza scorciatoie."

Il giorno dopo, Matteo e Luca si iscrissero a una nuova gara, ma questa volta senza trucchi. Non c'erano scarpe magiche, solo il loro impegno e il loro spirito di squadra. Questa volta, Matteo arrivò secondo, ma il sorriso sul suo viso era più grande che mai. Aveva capito che la vera vittoria non era quella che si otteneva con l'inganno, ma quella che si conquistava con onestà, coraggio e divertimento.

The Magic Shoes Race

In a small neighborhood, there were two best friends, Matteo and Luca. Every day after school, they would race each other, trying to see who could run the fastest. But no matter how hard Matteo tried, Luca always managed to beat him.

One day, while they were playing in the park, Matteo noticed something strange: a pair of sparkling shoes lying abandoned near an old tree. The shoes looked ordinary, but when he picked them up, something magical happened. The shoes glowed like stars, and a mysterious energy flowed through Matteo's hands. "Try them on!" Luca said, his eyes wide with curiosity.

In disbelief, Matteo slipped on the shoes, and in the blink of an eye, he felt lighter, almost like he was flying. Without a word, he took off running, faster than anything Luca had ever seen. "Hey, wait up!" Luca shouted, chasing after him, but Matteo seemed to be running at the speed of the wind.

When Matteo finally stopped, grinning with excitement, Luca arrived, panting. "What are those shoes?!" he asked, astonished.

"They're magical!" Matteo replied, bouncing up and down with excitement. "I can run faster than anyone!"

Word of the magical shoes soon spread among the kids in the neighborhood, and it wasn't long before a big race was planned for the upcoming weekend. The prize? A giant golden trophy!

"I have to enter!" Matteo said. "These shoes will make me the winner for sure!"

Luca, who had always been a bit more cautious, wasn't so sure. "Wouldn't it be more fun to race without the help of magical shoes? We should play fair, Matteo."

But Matteo, thrilled by the idea of winning, insisted, "Don't worry, Luca. It'll be our little secret! No one will ever know!"

The day of the race arrived, and the neighborhood was filled with kids ready to run. There were fast runners, experienced athletes, and even some who were there just for fun. But Matteo, with his magical shoes on, felt unbeatable.

The race began, and Matteo shot off like an arrow, running so fast that the other kids could barely see him. Luca, on the other hand, started at a steady pace, running with all his strength but without any magic.

Matteo reached the finish line in the blink of an eye, while Luca and the other kids were still far behind. Everyone stopped and clapped, but Matteo felt empty inside. He had won, yes, but he didn't feel happy.

When the kids came over to congratulate him, Luca looked at him with a smile and said, "You won, Matteo, but... was it a real victory for you?"

Matteo looked at the golden trophy in his hands and felt like something was missing. "I'm not sure, Luca," he said, lowering his head. "I feel like I cheated. It wasn't as fun as I thought it would be."

Luca smiled at him. "The most important part of a race is having fun and being honest with yourself. Seeing others give it their all is better than winning alone with a trick."

Matteo looked at the magical shoes and, with a sigh, took them off. "You're right, Luca. Next time, I'll race with my own strength, without shortcuts."

The next day, Matteo and Luca signed up for another race, but this time without any tricks. There were no magical shoes, only their effort and team spirit. This time, Matteo finished in second place, but the smile on his face was bigger than ever. He realized that the true victory wasn't won by cheating, but by honesty, courage, and fun.

Il Drago che Non Sapeva Sputare Fuoco

C'era una volta, in una valle lontana, un giovane drago di nome Draco. Draco viveva in una grotta insieme alla sua famiglia di draghi, ma c'era un problema: a differenza dei suoi fratelli e sorelle, Draco non riusciva a sputare fuoco.

Ogni volta che si avvicinava al falò con la sua famiglia, gli altri draghi soffiavano fiammate di fuoco che illuminavano tutta la valle. Draco, invece, faceva solo un piccolo sbuffo di fumo grigio. "Oh no, non ci riesco mai!" pensava tristemente, guardando gli altri draghi fare i loro spettacoli di fuoco.

"Draco, vieni a fare la tua parte!" lo chiamava sempre la mamma, ma Draco si sentiva sempre un po' diverso, come se mancasse qualcosa.

Un giorno, la famiglia di Draco decise di fare una grande festa per celebrare l'anniversario della grande montagna. Ogni drago avrebbe dovuto partecipare con il proprio numero speciale, e naturalmente, Draco non vedeva l'ora di partecipare, ma temeva che, come al solito, la sua esibizione sarebbe stata troppo deludente.

Quando fu il suo turno, Draco si schiarì la gola e cercò di sputare fuoco, ma invece di una fiammata brillante, uscì un piccolo fumo azzurro, che si disperse subito nell'aria. Gli altri draghi lo guardarono per un momento e poi tornarono ai loro numeri infuocati. Draco sentì le guance scottare di vergogna. "Forse sono solo un drago inutile," pensò. "Tutti possono fare qualcosa di speciale, tranne me."

Ma quel giorno, mentre Draco camminava pensieroso tra le rocce, incontrò una piccola creatura che non aveva mai visto prima. Era un topo, ma non un topo qualsiasi: aveva le orecchie molto grandi e una coda lunga e frusciante.

"Perché sei così triste, piccolo drago?" chiese il topo, che si chiamava Tito. "Non so sputare fuoco come gli altri draghi," rispose Draco, abbassando la testa. "Mi sento diverso e inutili."

Tito sorrise e si avvicinò a Draco. "Non preoccuparti, amico mio! Essere diversi non è mai una cosa negativa. In realtà, potrebbe essere un punto di forza!"

Draco lo guardò perplesso. "Davvero?"

"Sì! Ogni drago ha qualcosa di speciale. A volte, non bisogna guardare fuori, ma dentro di sé per trovare il proprio talento unico."

Il giorno dopo, Draco decise di mettersi alla prova. Non provò più a sputare fuoco, ma si concentrò su ciò che gli piaceva fare di più: correre. Amava correre tra i boschi, saltare tra gli alberi e scivolare lungo le rocce.

Fu durante una di queste corse che Draco si accorse di una cosa incredibile. Ogni volta che correva velocemente, il suo corpo emetteva delle scie di fumo colorato, come un arcobaleno di fumo che brillava sotto il sole! Non era fuoco, ma era sicuramente qualcosa di speciale.

Draco decise di mostrare a Tito e agli altri draghi cosa aveva scoperto. Si preparò e corse, più veloce che mai, creando una scia luminosa e colorata dietro di sé. Quando i draghi videro la sua esibizione, rimasero sbalorditi.

"Guarda!" esclamò uno dei suoi fratelli. "Draco non sputa fuoco, ma crea fumo colorato che è ancora più bello!"

Gli altri draghi iniziarono a applaudire, entusiasti della sua scoperta. Draco sorrise, e per la prima volta si sentì davvero felice e orgoglioso di ciò che aveva trovato. Non era come gli altri draghi, ma era unico, e questo lo rendeva speciale.

Il giorno successivo, durante la festa, Draco partecipò di nuovo, ma questa volta non cercò di sputare fuoco. Invece, corse tra gli alberi e lasciò dietro di sé una scia di fumo arcobaleno. Tutti rimasero a bocca aperta, e poi cominciarono a battere le mani, ammirando il talento di Draco.

"Bravo, Draco!" gridarono i suoi fratelli e sorelle. "Sei davvero speciale così come sei!"

Da quel momento in poi, Draco non si sentì mai più diverso. Aveva capito che non c'era nulla di sbagliato in lui per non saper sputare fuoco. La sua forza stava nel suo talento unico, e da allora, ogni volta che si esibiva, il suo sorriso era ancora più grande.

Da quel giorno, Draco diventò famoso in tutta la valle, non per il fuoco che non riusciva a sputare, ma per la sua straordinaria scia di fumo colorato. I draghi lo amavano per quello che era, e anche

Draco imparò ad amare se stesso, perché si rese conto che essere diversi non era mai una debolezza, ma una forza.

E così, il piccolo drago che non sapeva sputare fuoco divenne il drago più amato della valle, con un cuore pieno di orgoglio per il suo talento speciale.

The Dragon Who Couldn't Breathe Fire

Once upon a time, in a distant valley, there was a young dragon named Draco. Draco lived in a cave with his dragon family, but he had a problem: unlike his brothers and sisters, Draco couldn't breathe fire.

Every time he joined his family around the campfire, the other dragons would breathe fiery flames that lit up the entire valley. Draco, on the other hand, could only produce a small puff of gray smoke. "Oh no, I just can't do it!" he thought sadly, watching the other dragons show off their fiery displays.

"Draco, come join us!" his mother would always call, but Draco felt different, as if something was missing.

One day, Draco's family decided to hold a grand celebration for the anniversary of the great mountain. Every dragon was supposed to perform a special act, and Draco was excited but worried that his performance would, once again, be disappointing.

When it was his turn, Draco cleared his throat and tried to breathe fire, but instead of a bright flame, a small blue smoke appeared and quickly vanished into the air. The other dragons looked at him for a moment, then returned to their blazing acts. Draco felt his cheeks burn with embarrassment. "Maybe I'm just a useless dragon," he thought. "Everyone can do something special—except me."

Later that day, as Draco walked thoughtfully among the rocks, he met a small creature he'd never seen before. It was a mouse, but not an ordinary one; it had very large ears and a long, swishy tail.

"Why are you so sad, little dragon?" asked the mouse, whose name was Tito.

"I can't breathe fire like the other dragons," Draco replied, hanging his head. "I feel different and useless."

Tito smiled and moved closer to Draco. "Don't worry, my friend! Being different is never a bad thing. In fact, it could be a strength!"

Draco looked at him, puzzled. "Really?"

"Yes! Every dragon has something special. Sometimes, you just have to look inside yourself to find your unique talent."

The next day, Draco decided to try something different. Instead of attempting to breathe fire, he focused on what he loved most: running. He loved racing through the woods, leaping between trees, and sliding down the rocks.

During one of these runs, Draco noticed something incredible. Every time he ran fast, his body emitted colorful trails of smoke, like a rainbow mist shining in the sun! It wasn't fire, but it was definitely something special.

Draco decided to show Tito and the other dragons what he'd discovered. He prepared himself and ran as fast as he could, creating a glowing, colorful trail behind him. When the dragons saw his performance, they were amazed.

"Look!" exclaimed one of his siblings. "Draco doesn't breathe fire, but he makes colorful smoke that's even more beautiful!"

The other dragons began to cheer, excited by his discovery. Draco smiled, and for the first time, he felt truly happy and proud of what he'd found. He wasn't like the other dragons, but he was unique, and that made him special.

The next day, during the celebration, Draco performed again, but this time he didn't try to breathe fire. Instead, he raced through the trees, leaving a rainbow smoke trail behind him. Everyone watched in awe, and then they began to clap, admiring Draco's talent.

"Bravo, Draco!" shouted his brothers and sisters. "You're amazing just the way you are!"

From that moment on, Draco never felt different again. He understood that there was nothing wrong with him for not being able to breathe fire. His strength lay in his unique talent, and from then on, every time he performed, his smile grew even bigger.

From that day on, Draco became famous throughout the valley—not for the fire he couldn't breathe, but for his extraordinary trail of colored smoke. The dragons loved him for who he was, and Draco learned to love himself too, realizing that being different wasn't a weakness but a strength.

And so, the little dragon who couldn't breathe fire became the most beloved dragon in the valley, with a heart full of pride for his special talent.

La Biblioteca dei Desideri

In un piccolo paese, dove le case erano tutte di mattoni color pastello e le strade erano sempre tranquille, viveva una ragazza di nome Alice. Alice era una bambina timida, che passava più tempo a sognare ad occhi aperti che a parlare con gli altri bambini. Le sue giornate erano piene di immaginazione e desideri segreti, ma a volte si sentiva invisibile, come se nessuno riuscisse a vedere la sua vera natura.

Un giorno, mentre passeggiava nel parco, Alice notò qualcosa di strano. C'era una porta che non aveva mai visto prima. Era una porta di legno scuro, ricoperta da una cortina di edera, nascosta tra due alberi al limite del parco. Sembrava che la porta avesse sempre fatto parte del paesaggio, ma qualcosa in Alice la spinse ad avvicinarsi. "Forse è solo il vento," pensò, ma il suo cuore batteva più forte.

Con un gesto esitante, aprì la porta e si trovò davanti a una biblioteca immensa, che sembrava sospesa nel tempo. Le pareti erano ricoperte di scaffali pieni di libri di tutte le forme e dimensioni. C'era una luce dorata che sembrava provenire dal soffitto, ma non c'erano finestre. Era come se la biblioteca fosse un mondo a sé, un luogo dove la realtà si mescolava con la fantasia.

"Sono davvero dentro una biblioteca?" si chiese Alice, incredula.

Avanzò timidamente tra gli scaffali, toccando con le mani i libri polverosi. Ogni libro sembrava sussurrare una storia, ma solo a chi era disposto a credere. Ad un certo punto, una copertina scintillante attirò la sua attenzione. Il libro aveva una copertura azzurra, con delle stelle dorate che brillavano. Non c'era nessun titolo, solo un piccolo simbolo di una chiave.

Alice lo prese in mano e aprì la prima pagina. Ma non c'era nessuna parola scritta. Si sentì confusa e sollevò lo sguardo. "Forse è solo un libro vuoto," pensò. Ma appena la sua mente si concentrò, una luce soffusa cominciò a brillare dalle pagine vuote. Le parole apparvero lentamente, come se qualcuno le stesse scrivendo sotto i suoi occhi.

La storia che iniziò a leggere era incredibile. Parlava di una ragazza coraggiosa che affrontava draghi e misteri in un mondo lontano, un mondo dove i sogni diventavano realtà. Alice si sentiva come se stesse vivendo quella storia insieme alla protagonista, e ogni pagina la portava più vicino alla sua vera avventura.

Man mano che Alice continuava a leggere, la biblioteca sembrava trasformarsi. Ogni volta che si concentrava su un libro, appariva un nuovo paesaggio, una nuova avventura. Alcuni libri la portavano in giungle misteriose, altri nel cuore di città antiche, e altri ancora la facevano volare su draghi di fuoco.

Ogni volta che Alice credeva nella storia, essa prendeva vita davanti ai suoi occhi. Si accorse che ogni libro non era solo una storia, ma una porta per un mondo che esisteva solo se lei ci credeva. Il suo cuore batteva più forte e una nuova sensazione di coraggio cresceva dentro di lei.

Non era più la ragazza timida di prima. Alice cominciò a sentire che le sue paure non erano più così grandi, che il mondo era pieno di possibilità. La biblioteca dei desideri non era solo un luogo magico; era un posto dove lei poteva scoprire chi era veramente.

Alla fine della biblioteca, Alice trovò un libro speciale, un libro che sembrava più antico degli altri. La copertina era di un color viola profondo, con un piccolo simbolo di una stella. La sua mano tremava un po' quando lo aprì. Le prime parole che apparvero furono:

"Questo è il tuo viaggio. Devi credere, e il viaggio inizierà."

Alice chiuse gli occhi per un momento e, con tutto il coraggio che aveva trovato dentro di sé, pronunciò le parole: "Io credo."

All'improvviso, la biblioteca sembrò esplodere in una miriade di luci e colori. Un vento magico la avvolse, e quando aprì gli occhi, si trovò in un posto completamente nuovo. Era nel centro di un campo di fiori luminosi, con il cielo blu sopra di lei e un paesaggio che sembrava uscito da un sogno.

Alice capì che la biblioteca dei desideri non era solo un posto fisico, ma un mondo dentro di lei. Era il luogo dove i sogni diventavano reali, ma solo per coloro che credevano in loro stessi.

Quando Alice tornò al parco, la porta di legno era scomparsa, ma dentro di sé sentiva di essere cambiata. La ragazza timida che un tempo si nascondeva nei suoi sogni, ora sapeva che poteva affrontare qualsiasi cosa. Aveva scoperto che il vero potere non stava nei libri o nelle avventure, ma nella sua capacità di credere nei suoi desideri.

E da quel giorno, ogni volta che si sentiva smarrita o dubbiosa, Alice chiudeva gli occhi e ricordava la biblioteca dei desideri, un luogo magico dove i sogni diventano realtà.

The Library of Wishes

In a small town where the houses were all pastel-colored and the streets were always quiet, there lived a girl named Alice. Alice was a shy child, spending more time daydreaming than talking to other children. Her days were filled with imagination and secret wishes, but sometimes she felt invisible, as if no one could see her true self.

One day, while walking in the park, Alice noticed something strange. There was a door she had never seen before. It was a dark wooden door, covered in ivy, hidden between two trees at the edge of the park. It looked like it had always been part of the scenery, but something within Alice urged her to get closer. "Maybe it's just the wind," she thought, but her heart beat faster.

With a hesitant gesture, she opened the door and found herself standing in an enormous library, suspended in time. The walls were covered with shelves filled with books of all shapes and sizes. A golden light seemed to come from the ceiling, even though there were no windows. It felt like the library was a world of its own, a place where reality blended with fantasy.

"Am I really inside a library?" Alice whispered, incredulous.

She wandered timidly between the shelves, her fingers brushing against the dusty books. Each one seemed to whisper a story, but only to those willing to believe. At one point, a sparkling cover caught her eye. The book had a blue cover with golden stars that shimmered. There was no title, just a small symbol of a key.

Alice picked it up and opened to the first page. But there were no words. She felt confused and looked up, thinking, "Maybe it's just an empty book." But as she focused, a soft glow began to shine from the blank pages. Words appeared slowly, as if someone were writing them right before her eyes.

The story she began to read was incredible. It spoke of a brave girl who faced dragons and mysteries in a faraway world, a place where dreams became reality. Alice felt as though she were living that story alongside the protagonist, with each page drawing her deeper into her own adventure.

As Alice continued reading, the library seemed to transform. Whenever she concentrated on a book, a new landscape would appear, a new adventure would unfold. Some books took her into mysterious jungles, others to the heart of ancient cities, and still others made her fly on fiery dragons.

Every time Alice believed in the story, it came alive before her eyes. She realized that each book wasn't just a story; it was a door to a world that existed only if she believed in it. Her heart raced, and a new sense of courage blossomed inside her.

She was no longer the shy girl she used to be. Alice began to feel that her fears weren't so big anymore and that the world was full of possibilities. The Library of Wishes wasn't just a magical place; it was a place where she could discover her true self.

At the end of the library, Alice found a special book, one that seemed older than all the others. The cover was a deep purple, with a small star symbol. Her hand trembled a bit as she opened it. The first words that appeared were:

"This is your journey. Believe, and the journey will begin."

Alice closed her eyes for a moment and, with all the courage she had found within herself, whispered the words, "I believe."

Suddenly, the library exploded into a burst of lights and colors. A magical wind wrapped around her, and when she opened her eyes, she was in a completely new place. She stood in the middle of a field of glowing flowers, with a blue sky above and a landscape that seemed straight out of a dream.

Alice realized that the Library of Wishes wasn't just a physical place but a world within her. It was where dreams came true, but only for those who believed in themselves.

When Alice returned to the park, the wooden door had vanished, but she felt different. The shy girl who once hid in her dreams now knew she could face anything. She had discovered that true power didn't lie in books or adventures but in her ability to believe in her own wishes.

And from that day on, whenever she felt lost or uncertain, Alice would close her eyes and remember the Library of Wishes, a magical place where dreams become reality.

L'Unicorno Arcobaleno

Ogni notte, quando il cielo diventava scuro e la luna brillava alta, un unicorno dal manto lucente come l'arcobaleno volava sopra il piccolo villaggio. Il suo nome era Arco, e aveva un compito molto speciale: raccogliere i sogni dei bambini e spargerli delicatamente sopra le case, affinché tutti potessero sognare dolci e meravigliose avventure.

Arco volava nel cielo notturno con la sua criniera di colori vivaci che brillavano come una distesa di stelle. Ogni notte, i suoi passi leggeri danzavano tra le nuvole, mentre portava ai bambini i sogni più belli: sogni di fate, di boschi incantati, di castelli dorati e di animali fantastici.

Ma una notte, qualcosa di strano accadde. Quando Arco si alzò in volo, si accorse che il suo arcobaleno non brillava più come prima. La sua criniera era sbiadita, i suoi colori non c'erano più, e il cielo sembrava più grigio senza di essa. Arco si guardò triste, senza sapere cosa fare. Senza i suoi colori, non sarebbe più riuscita a portare sogni felici ai bambini.

Nel villaggio, un gruppo di bambini stava appena per andare a dormire quando notarono che il cielo sembrava diverso. I colori dell'arcobaleno non c'erano più, e senza di essi, il cielo sembrava meno magico. I bambini, preoccupati, si riunirono nel cortile e decisero che avrebbero aiutato Arco a ritrovare la sua magia.

"Non possiamo lasciare che l'arcobaleno scompaia!" disse Luca, il più coraggioso del gruppo. "Andiamo a cercare Arco e a scoprire cosa le è successo."

Così, insieme alla loro curiosità e al cuore pieno di speranza, i bambini si incamminarono verso la collina dove Arco era solita atterrare alla fine di ogni notte. Camminarono sotto il cielo silenzioso, con la luna che li illuminava, fino a quando non trovarono Arco, triste e seduta sotto un albero.

Quando i bambini si avvicinarono a lei, Arco sollevò la testa e li guardò. "Ciao, amici. Sono così triste," disse l'unicorno. "Ho perso i miei colori, e ora non posso più portare i sogni ai bambini."

I bambini si guardarono l'un l'altro. "Non ti preoccupare, Arco," disse Emma, una bambina dolce e gentile. "Siamo qui per aiutarti! Forse possiamo trovare i tuoi colori."

Arco sorrideva timidamente, ma sperava che i bambini avessero ragione. "Ma dove posso trovarli?" chiese. "Sono così tanto lontani che non so più dove cercare."

"I tuoi colori sono nei sogni," disse Luca, ricordando le storie che avevano sentito sui sogni e sulla magia. "Forse dobbiamo guardare dentro i sogni dei bambini per trovare la magia che ti manca."

Così, i bambini chiusero gli occhi e pensarono ai sogni che avevano avuto nelle notti precedenti: sogni di cavalli che galoppavano nel cielo, di cieli pieni di nuvole colorate, di boschi pieni di fiori rari. E mentre pensavano ai loro sogni più belli, una luce tenue cominciò a brillare intorno a loro.

Arco guardò i bambini, meravigliata. Poi, lentamente, un piccolo arcobaleno cominciò a formarsi sopra la loro testa. I colori che le mancavano iniziarono a tornare, non solo grazie ai sogni, ma anche grazie all'amicizia e alla speranza che i bambini avevano nel loro cuore.

Con un ultimo sorriso, Arco si alzò in volo. La sua criniera tornò splendente come prima, e i colori dell'arcobaleno danzarono nel cielo notturno. Ma questa volta, i colori non erano solo suoi. Erano i colori della speranza, dell'amicizia e dei sogni condivisi.

"Grazie, bambini," disse Arco, volando sopra il villaggio, mentre spargeva sogni di felicità tra le case. "Siete stati voi a darmi la forza di ritrovare i miei colori. I vostri sogni sono la vera magia!"

E da quella notte, ogni volta che i bambini guardavano il cielo, vedevano non solo un arcobaleno, ma anche un segno che i sogni e l'amicizia erano più forti di qualsiasi altra magia.

Arco l'unicorno arcobaleno continuò a volare ogni notte, portando i sogni e i colori di cui il mondo aveva bisogno, e i bambini impararono che con un po' di coraggio, di speranza e di amicizia, tutto è possibile.

The Rainbow Unicorn

Every night, when the sky turned dark and the moon shone high, a unicorn with a shimmering rainbow mane would soar above the small village. Her name was Arco, and she had a very special task: to gather children's dreams and gently scatter them over the houses so that everyone could dream sweet and wonderful adventures.

Arco flew across the night sky with her mane of bright colors sparkling like a sea of stars. Every night, her light steps danced among the clouds as she brought children the most beautiful dreams: dreams of fairies, enchanted forests, golden castles, and fantastic creatures.

But one night, something strange happened. As Arco took flight, she noticed that her rainbow wasn't shining as brightly as before. Her mane had faded, her colors were gone, and the sky looked grayer without her glow. Arco gazed at herself sadly, unsure what to do. Without her colors, she wouldn't be able to bring happy dreams to the children anymore.

In the village, a group of children were just about to go to sleep when they noticed that the sky looked different. The rainbow colors were gone, and without them, the sky seemed less magical. The children, concerned, gathered in the courtyard and decided to help Arco find her magic again.

"We can't let the rainbow disappear!" said Luca, the bravest of the group. "Let's go find Arco and discover what happened to her."

So, with their hearts full of curiosity and hope, the children set off toward the hill where Arco usually landed at the end of each night. They walked under the silent sky, with the moon lighting their way, until they found Arco, sad and sitting beneath a tree.

When the children approached her, Arco lifted her head and looked at them. "Hello, friends. I'm so sad," said the unicorn. "I've lost my colors, and now I can't bring dreams to the children."

The children looked at each other. "Don't worry, Arco," said Emma, a sweet and kind girl. "We're here to help! Maybe we can find your colors."

Arco smiled timidly, hoping the children were right. "But where can I find them?" she asked. "They're so far away that I don't know where to look."

"Your colors are in dreams," said Luca, remembering the stories they had heard about dreams and magic. "Maybe we need to look inside children's dreams to find the magic you're missing."

So, the children closed their eyes and thought about the dreams they'd had on previous nights: dreams of horses galloping in the sky, skies filled with colorful clouds, forests filled with rare flowers. And as they thought about their most beautiful dreams, a soft light began to glow around them.

Arco watched the children in amazement. Then, slowly, a small rainbow began to form above their heads. The colors she had been missing started to return, not only through dreams but also through the friendship and hope the children held in their hearts.

With one last smile, Arco rose into the sky. Her mane glowed as brilliantly as before, and the colors of the rainbow danced across the night sky. But this time, the colors weren't just hers. They were the colors of hope, friendship, and shared dreams.

"Thank you, children," said Arco as she flew over the village, spreading dreams of happiness over the houses. "It was you who gave me the strength to find my colors again. Your dreams are the true magic!"

And from that night on, every time the children looked at the sky, they saw not only a rainbow but also a reminder that dreams and friendship were stronger than any magic.

Arco, the rainbow unicorn, continued to fly every night, bringing the dreams and colors the world needed, and the children learned that with a little courage, hope, and friendship, anything is possible.

Il Topolino che Voleva Volare

C'era una volta, in un piccolo villaggio nascosto tra i campi verdi, un topolino di nome Pippo che aveva un grande sogno: voleva volare. Pippo era piccolo e un po' timido, ma la sua mente era sempre piena di idee e desideri straordinari. Ogni volta che alzava lo sguardo verso il cielo, vedeva gli uccelli che svolazzavano liberi tra le nuvole e pensava: "Anch'io voglio volare come loro!"

Un giorno, Pippo decise che avrebbe fatto di tutto per realizzare il suo sogno, anche se tutti gli altri animali lo deridevano. "Un topolino che vuole volare? È impossibile!" gli dicevano le sue amiche, la coniglietta Lilla e il gattino Gino.

Ma Pippo non si diede per vinto. "Nessuno mi impedirà di volare!" pensò tra sé e sé, e così iniziò a pensare a un piano.

Il primo passo fu chiedere aiuto agli altri animali della fattoria. Andò da Pio, il grande gufo saggio, e gli chiese: "Pio, tu voli ogni notte. Come fai? Potresti insegnarmi?"

Pio lo guardò con un sorriso. "Oh, Pippo, il volo è una cosa che richiede ali, e tu non le hai," rispose gentilmente. "Ma forse c'è un altro modo per aiutarti a realizzare il tuo sogno."

Pippo non si arrese. Andò da Lupo, il cane da pastore, e gli chiese: "Lupo, tu corri veloce, forse puoi aiutarmi. Che ne dici di costruire una macchina volante?"

Lupo scodinzolò, ma poi rispose: "Io non so costruire macchine, Pippo, ma posso darti qualche consiglio!"

Pippo non smise di cercare soluzioni. Si mise al lavoro, raccogliendo foglie, ramoscelli e qualsiasi cosa potesse trovare. Con l'aiuto di Lilla, che gli portava erba fresca, e di Gino, che gli dava un po' di coda di topo da usare come corda, Pippo iniziò a costruire una strana macchina volante.

Passarono giorni interi a lavorarci sopra, ma finalmente la macchina era pronta: una specie di piccola mongolfiera, fatta di foglie e fiori legati insieme, sospesa a un ramo con una lunga corda. Pippo era emozionato, ma anche un po' preoccupato. Non sapeva se sarebbe riuscito a volare davvero.

Tutti gli animali della fattoria si riunirono per vedere cosa avrebbe fatto Pippo. "Sei sicuro di volerlo fare?" gli chiese Pio, preoccupato. "Non è facile volare, piccolo Pippo."

"Lo farò!" rispose Pippo con determinazione, nonostante il battito accelerato del suo cuore. Si arrampicò sulla macchina volante, tirò la corda e, con il vento che soffiava delicatamente, la mongolfiera iniziò a sollevarsi da terra.

Ma, proprio quando Pippo pensava che sarebbe rimasto sospeso nell'aria, un imprevisto accadde! Un colpo di vento forte la fece oscillare, e Pippo cadde dritto nel fieno sottostante, rotolando via come una pallina.

Tutti gli animali si avvicinarono a Pippo, preoccupati. "Sei ferito?" chiese Lilla, correndo verso di lui.

Pippo si alzò, ridendo. "Non mi sono fatto niente! Anzi, sono felice, perché ho visto cosa significa davvero volare!" disse con entusiasmo.

Gli altri animali lo guardarono perplessi. "Ma non sei volato," disse Gino. "Hai solo caduto!"

Pippo sorrise. "Forse non ho volato come un uccello, ma la cosa importante è che non mi sono mai fermato. Ho trovato il coraggio di provarci, e questo è il mio volo."

Gli animali rimasero stupiti dalla sua forza e determinazione. Pippo aveva raggiunto il suo sogno, non nel modo in cui pensava, ma con la sua passione e il suo coraggio. "Vedere questo mi fa capire che niente è impossibile," disse Pio. "La vera forza sta nel non arrendersi mai."

Con il tempo, Pippo divenne famoso in tutto il villaggio per la sua perseveranza. Anche se non volava come gli uccelli, ogni volta che si guardava al cielo, sentiva di volare in un altro modo: con il cuore pieno di coraggio, pronto a superare qualsiasi ostacolo.

The Little Mouse Who Wanted to Fly

Once upon a time, in a small village hidden among green fields, there was a little mouse named Pippo who had a big dream: he wanted to fly. Pippo was small and a bit shy, but his mind was always full of ideas and extraordinary wishes. Every time he looked up at the sky, he saw the birds soaring freely among the clouds and thought, "I want to fly like them!"

One day, Pippo decided he would do whatever it took to make his dream come true, even if all the other animals laughed at him. "A little mouse who wants to fly? That's impossible!" his friends, Lilla the bunny and Gino the kitten, would say.

But Pippo didn't give up. "No one will stop me from flying!" he thought to himself, and so he began to devise a plan.

The first step was to ask the other animals on the farm for help. He went to Pio, the wise old owl, and asked, "Pio, you fly every night. How do you do it? Can you teach me?"

Pio looked at him with a smile. "Oh, Pippo, flying is something that requires wings, and you don't have them," he answered kindly. "But maybe there's another way to help you realize your dream."

Pippo didn't give up. He went to Lupo, the shepherd dog, and asked, "Lupo, you run fast; maybe you can help me. What do you think about building a flying machine?"

Lupo wagged his tail but replied, "I don't know how to build machines, Pippo, but I can give you some advice!"

Pippo didn't stop looking for solutions. He got to work, gathering leaves, twigs, and anything else he could find. With Lilla's help, who brought him fresh grass, and Gino, who offered some string from his tail to use as rope, Pippo started to build a strange flying machine.

They worked on it for days, but finally, the machine was ready: a small sort of hot air balloon made of leaves and flowers tied together, suspended from a branch by a long cord. Pippo was excited but also a little worried. He wasn't sure if he'd actually be able to fly.

All the farm animals gathered to see what Pippo would do. "Are you sure you want to go through with this?" Pio asked, concerned. "Flying isn't easy, little Pippo."

"I'm going to do it!" Pippo replied with determination, even though his heart was beating fast. He climbed onto the flying machine, pulled the rope, and with a gentle breeze blowing, the balloon began to lift off the ground.

But just when Pippo thought he'd stay suspended in the air, something unexpected happened! A strong gust of wind made the balloon swing, and Pippo fell straight into the hay below, rolling away like a little ball.

All the animals rushed over to Pippo, worried. "Are you hurt?" asked Lilla, running up to him.

Pippo got up, laughing. "I'm not hurt at all! In fact, I'm happy because I got to see what flying really feels like!" he said with excitement.

The other animals looked at him, puzzled. "But you didn't fly," said Gino. "You just fell!"

Pippo smiled. "Maybe I didn't fly like a bird, but the important thing is that I didn't stop trying. I found the courage to give it a go, and that's my flight."

The animals were amazed by his strength and determination. Pippo had achieved his dream, not in the way he expected, but with his passion and courage. "Seeing this makes me realize that nothing is impossible," said Pio. "True strength lies in never giving up."

Over time, Pippo became famous in the village for his perseverance. Even though he didn't fly like the birds, every time he looked at the sky, he felt like he was flying in his own way: with a heart full of courage, ready to overcome any obstacle.

Il Segreto della Foresta Parlante

C'era una volta, in un angolo nascosto del mondo, una foresta speciale, la Foresta Parlante. Nessuno sapeva davvero dove si trovasse, perché si nascondeva tra le colline, lontano dagli occhi curiosi degli adulti. Solo i bambini più coraggiosi e curiosi osavano esplorarla.

Un gruppo di amici, composto da Matteo, Sofia, Luca e Giulia, amava avventurarsi nei boschi vicini al loro villaggio. Ogni giorno, dopo scuola, correvano verso il confine della foresta, dove la vegetazione diventava più fitta e misteriosa. Nessuno di loro avrebbe mai immaginato che, quel giorno, avrebbero fatto una scoperta incredibile.

Era una mattina di primavera, e l'aria era fresca e profumata. I bambini si addentrarono nella foresta, seguendo un sentiero che non avevano mai notato prima. Improvvisamente, si fermarono, stupiti. Un albero gigante, con una corteccia argentea, li stava osservando. Matteo, sempre il più curioso del gruppo, si avvicinò e, con una voce timida, chiese: "Ciao, albero! Sei vivo?"

A grande sorpresa, l'albero rispose: "Certo che sono vivo, piccolo esploratore. Sono il più antico della foresta. Benvenuti nel mio regno."

Gli altri bambini rimasero senza parole. "Ma... ma... gli alberi non parlano!" esclamò Sofia, incredula.

"Questa è una Foresta Parlante," spiegò l'albero. "Ogni albero, ogni pianta, ogni creatura qui ha una voce. Ma non tutti sanno ascoltarci."

I bambini si guardarono stupiti, mentre l'albero raccontava loro che la foresta era magica, piena di segreti e di vita. Ogni albero aveva una storia da raccontare, ogni fiore aveva un desiderio da esprimere, e ogni animale aveva una lezione da insegnare.

Mentre camminavano tra gli alberi, i bambini ascoltarono le storie incredibili che le piante e gli animali raccontavano loro. Un vecchio salice narrò di quando la foresta era giovane e prosperosa, e di come gli animali vivevano in perfetta armonia con la natura. Un frassino raccontò di come, ogni anno, gli uccelli migratori trovavano rifugio tra i suoi rami. Ma, con il passare del tempo, qualcosa stava cambiando.

"Le cose non sono più come una volta," disse il frassino, abbassando i suoi rami. "Gli uomini stanno distruggendo il nostro mondo, abbattendo alberi e inquinando le acque. Noi alberi abbiamo bisogno di aiuto."

I bambini si guardarono preoccupati. La foresta aveva bisogno di loro, ma cosa potevano fare per aiutarla?

Gli alberi spiegano che solo attraverso l'unione e l'amore per la natura avrebbero potuto fermare il danno che gli esseri umani stavano causando. Per questo motivo, Matteo, Sofia, Luca e Giulia decisero di lanciarsi in una missione: informare il villaggio di quanto stava succedendo, cercando di sensibilizzare gli adulti sulla necessità di proteggere l'ambiente.

"Parleremo con i nostri genitori e con il sindaco!" disse Luca, sempre entusiasta delle sfide. "Organizzeremo una grande manifestazione per salvare la foresta."

Gli alberi insegnarono ai bambini anche piccoli trucchi su come prendersi cura della natura. Mostrarono loro come piantare nuovi alberi, come riciclare e ridurre i rifiuti, e come preservare le risorse naturali.

"Non c'è un piccolo gesto che non faccia la differenza," disse il salice saggio. "Ogni azione conta, anche quella che sembra insignificante."

Il giorno dopo, i bambini seguirono il loro piano. Organizzarono un incontro con i genitori e il sindaco, portando con sé volantini che spiegavano l'importanza di proteggere la foresta e di fare scelte più sostenibili. Raccontarono tutto quello che avevano imparato dalla Foresta Parlante, e la magia della natura che avevano visto con i loro occhi.

La gente del villaggio ascoltò con attenzione e, con grande sorpresa dei bambini, molti adulti si impegnarono a fare di più per proteggere l'ambiente. Piantarono alberi, organizzarono attività di pulizia e cominciarono a ridurre l'uso di plastica.

La Foresta Parlante, felice di aver trovato dei veri alleati, sussurrò alle orecchie dei bambini: "Grazie, giovani eroi. Avete ascoltato il nostro grido e avete fatto la differenza."

La Foresta Parlante non era più un segreto. Tutti, grandi e piccoli, avevano capito che il vero segreto della natura era imparare a rispettarla e ad amarla come una cosa viva e preziosa.

E così, grazie alla curiosità di quattro bambini coraggiosi, la magia della Foresta Parlante continuò a vivere.

The Secret of the Talking Forest

Once upon a time, in a hidden corner of the world, there was a special forest: the Talking Forest. No one really knew where it was, as it stayed hidden among the hills, far from the curious eyes of adults. Only the bravest and most curious children dared to explore it.

A group of friends—Matteo, Sofia, Luca, and Giulia—loved to venture into the woods near their village. Every day after school, they would run to the forest's edge, where the vegetation grew dense and mysterious. Little did they know that, on that day, they would make an incredible discovery.

It was a spring morning, and the air was fresh and fragrant. The children ventured deeper into the forest, following a path they had never noticed before. Suddenly, they stopped, stunned. A giant tree with silvery bark was watching them. Matteo, always the most curious, stepped closer and, in a timid voice, asked, "Hello, tree! Are you alive?"

To their great surprise, the tree answered, "Of course I am, little explorer. I am the oldest tree in the forest. Welcome to my kingdom."

The other children were speechless. "But... but... trees don't talk!" Sofia exclaimed in disbelief.

"This is a Talking Forest," explained the tree. "Every tree, every plant, every creature here has a voice. But not everyone knows how to listen to us."

The children looked around in amazement as the tree told them that the forest was magical, full of secrets and life. Every tree had a story to tell, every flower had a wish to express, and every animal had a lesson to teach.

As they walked among the trees, the children listened to incredible stories shared by the plants and animals. An old willow recounted the days when the forest was young and vibrant, and how animals lived in perfect harmony with nature. An ash tree told how, each year, migrating birds would find refuge among its branches. But over time, something had begun to change.

"Things are not as they once were," said the ash tree, lowering its branches. "Humans are destroying our world, cutting down trees and polluting the waters. We trees need help."

The children looked at each other, worried. The forest needed them, but what could they do to help?

The trees explained that only through unity and love for nature could they stop the harm humans were causing. So, Matteo, Sofia, Luca, and Giulia decided to embark on a mission: to inform their village about what was happening and to encourage adults to protect the environment.

"We'll talk to our parents and the mayor!" said Luca, always excited for a challenge. "We'll organize a big event to save the forest."

The trees also taught the children small ways to care for nature. They showed them how to plant new trees, how to recycle and reduce waste, and how to preserve natural resources.

"No small gesture is without meaning," said the wise willow. "Every action counts, even the ones that seem insignificant."

The next day, the children carried out their plan. They organized a meeting with their parents and the mayor, bringing with them flyers that explained the importance of protecting the forest and making more sustainable choices. They shared everything they had learned from the Talking Forest and described the magic of nature they had witnessed.

The villagers listened carefully, and to the children's surprise, many adults pledged to do more to protect the environment. They planted trees, organized clean-up activities, and started reducing their use of plastic.

The Talking Forest, happy to have found true allies, whispered in the children's ears, "Thank you, young heroes. You heard our call and made a difference."

The Talking Forest was no longer a secret. Everyone, young and old, had learned that the real secret of nature was learning to respect and cherish it as something alive and precious. And so, thanks to the curiosity of four brave children, the magic of the Talking Forest lived on.